L'HIVER AU CANADA

Les animaux

Cynthia O'Brien

Texte français d'Hélène Rioux

SCHOLASTIC

Références photographiques :

Photos © : 1re de couverture : Steven Kazlowski/Barcroft Media/Getty Images; 4e de couverture : Andreas Gradin/Shutterstock; 1-2 : TungCheung/Shutterstock; 4 : Juniors Bildarchiv GmbH/ Alamy Images; 5 en haut : Donald M. Jones/Minden Pictures; 5 en bas à gauche : Mircea Costina/Alamy Images; 5 en bas à droite : Roland Seitre/Minden Pictures; 6 : Donald M. Jones/ Minden Pictures; 7 en haut : Suzi Eszterhas/Minden Pictures; 7 en bas à gauche : Flip Nicklin/ Minden Pictures; 7 en bas à droite : Suzi Eszterhas/Minden Pictures; 8 : Jim Brandenburg/ Minden Pictures; 9 en haut : George Sanker/Minden Pictures; 9 au centre : Peter Mather/ Minden Pictures; 9 en bas : Sumio Harada/Minden Pictures; 10 : Jim Brandenburg/Minden Pictures; 11 en haut : sirtravelalot/Shutterstock; 11 en bas : Donald M. Jones/Minden Pictures; 12 : Jurgen and Christine Sohns/Minden Pictures; 13 en haut : Michael Quinton/Minden Pictures; 13 en bas : Paul Sawer/Minden Pictures; 14 : Paulette Sinclair/Alamy Images; 15 en haut : Michael Quinton/Minden Pictures; 15 en bas à gauche : Tom Murphy/Getty Images; 15 en bas à droite : Donald M. Jones/Minden Pictures; 16 : Robert McGouey/Wildlife/Alamy Images; 17 en haut : Donald M. Jones/Minden Pictures; 17 au centre : dieKleinert/Alamy Images; 17 en bas : Chris and Tilde Stuart/Minden Pictures; 18 : Donald M. Jones/Minden Pictures; 19 en haut : Art Wolfe/Getty Images; 19 au centre : Sumio Harada/Minden Pictures; 19 en bas : Vitaly Ilyasov/Shutterstock; 20 : Todd Mintz/Alamy Images; 21 en haut : Martha Holmes/Minden Pictures; 21 en bas : Doc White/Minden Pictures; 22 : Juergen Sohns/Alamy Images; 23 en haut : John Hyde/Getty Images; 23 en bas à droite : Tui De Roy/Minden Pictures; 23 en bas à gauche : Eric Baccega/Minden Pictures; 24 à gauche : Phil McLean/Minden Pictures; 24 à droite : Custom Life Science/Alamy Images Images; 25 en haut : Mira/Alamy Images; 25 au centre : Galaxiid/Alamy Images; 25 en bas : ErikAgar/iStockphoto; 26 : WaterFrame/Alamy Images; 27 en haut : Huw Cordey/Minden Pictures; 27 en bas : Larry West/Minden Pictures; 28 : Christina Rollo/Alamy Images; 29 en haut : George Grall/Getty Images; 29 en bas à gauche : Scott Leslie/Minden Pictures; 29 en bas à droite : Matthias Breiter/Minden Pictures; 30 : Kevin Schafer/Getty Images; 31 en haut : Robert Postma/Design Pics/Getty Images; 31 en bas : mlorenzphotography/Getty Images.

Catalogage avant publication de Bibliothèque et Archives Canada

O'Brien, Cynthia (Cynthia J.)
[Animals. Français]
Les animaux / Cynthia O'Brien ; texte français d'Hélène Rioux.
(L'hiver au Canada)
Traduction de: Animals.
ISBN 978-1-4431-6333-0 (couverture souple)

1. Animaux--Hivernage--Canada--Ouvrages pour la jeunesse.
I. Titre. II. Titre: Animals. Français.

QL753.O3714 2018   591.4'30971   C2018-900317-0

Édition publiée par les Éditions Scholastic,
604, rue King Ouest, Toronto (Ontario) M5V 1E1.

5 4 3 2 1 Imprimé en Malaisie 108 18 19 20 21 22

Conception graphique : Ruth Dwight
Recherche photographique : Adrianna Edwards, Cynthia O'Brien

TABLE DES MATIÈRES

À L'AISE DANS LA NEIGE

Pendant l'hiver canadien, long et glacial, les gens s'emmitouflent dans des vêtements chauds. Ils chauffent leurs maisons pour qu'elles soient confortables. Les animaux ont eux aussi des façons d'affronter le froid. Certains d'entre eux **migrent**, tout comme les gens qui vont passer l'hiver dans des endroits chauds. De nombreux autres animaux s'adaptent au climat rigoureux et au manque de nourriture. Pour composer avec cette situation, certains animaux **hibernent**, comme la marmotte, ou sombrent dans un profond sommeil, comme l'ours noir. Plusieurs mammifères et oiseaux restent au chaud grâce à leur épaisse fourrure ou à leurs plumes. Les reptiles et les amphibiens, qui sont des animaux **à sang froid**, s'enfoncent dans l'eau ou dans la terre, tandis que la grenouille des bois attend que l'hiver passe, le corps gelé. Même les insectes ont développé des façons originales de braver le froid. L'hiver peut être une saison difficile, mais la faune canadienne est de taille à relever le défi!

Certains animaux, comme le grizzly, se réfugient dans une tanière où ils passent l'hiver à dormir.

DORMIR TOUT L'HIVER

L'hibernation est un sommeil très profond. Pendant ce sommeil, le rythme cardiaque et la respiration d'un animal sont au ralenti et sa température baisse considérablement. Le spermophile et la chauve-souris sont de vrais animaux hibernants. Quant à l'ours, il dort d'un sommeil plus léger appelé **torpeur**. Sa température interne baisse légèrement et son rythme cardiaque ralentit. Les reptiles et les amphibiens entrent dans un état d'hibernation un peu différent. Leur corps devient immobile et ils restent des mois sans manger. Ces animaux se déplacent parfois pour boire.

Les cerfs de Virginie sont très actifs pendant l'hiver, mais ils doivent se méfier des loups qui les chassent.

DISPARITION DE LA GLACE

Dans le Grand Nord canadien, la température peut chuter jusqu'à – 50 °C, mais les animaux comme les ours blancs et les phoques sont des spécialistes du froid. En effet, leurs proies vivent dans l'eau glacée et les phoques dépendent de la glace marine pour se déplacer, chasser et mettre leurs bébés au monde. Les changements climatiques entraînent la fonte d'une partie de cette glace, laissant les animaux affamés et vulnérables.

Les cardinaux rouges nichent ensemble pendant l'hiver. Le mâle rouge vif et la femelle moins colorée ébouriffent leurs plumes pour rester au chaud.

La fourrure du loup arctique est blanche toute l'année, ce qui lui permet de passer inaperçu quand il chasse le caribou ou le lièvre arctique.

OURS

Au Canada, on retrouve trois types d'ours : l'ours noir, le grizzly et l'ours blanc qu'on appelle aussi ours polaire. L'ours noir et le grizzly se nourrissent de plantes et de baies sauvages (qui ne poussent pas en hiver) et de petits animaux (qui se cachent pendant la saison froide). Au lieu de chercher de la nourriture, ces ours prennent un long congé. Ils engraissent pendant l'été et l'automne, puis ils trouvent une tanière pour l'hiver. Ils sombrent dans la torpeur jusqu'au printemps, une période où ils peuvent trouver de quoi se nourrir. L'ours blanc ne dort pas tout l'hiver. Il a sous son épaisse fourrure une couche de graisse qui lui permet de conserver la chaleur. En novembre et en décembre, les mères construisent des tanières de glace où elles donnent naissance à leurs oursons et prennent soin d'eux. Les mâles continuent de chasser les phoques sur la glace.

S'ils ont accès à de la nourriture, certains grizzlys mâles restent actifs jusqu'au milieu de l'hiver. Puis ils font leur tanière en creusant un trou avec leurs griffes dans le flanc des montagnes.

FOURRURES DIFFÉRENTES

Ne vous fiez pas à leur nom : les ours noirs peuvent avoir un pelage noir, presque noir, brun foncé, brun clair, brun avec des reflets roux, blond ou presque blanc. Les grizzlys ont aussi un pelage de différentes couleurs, allant de blond à noir en passant par brun. La fourrure des ours noirs et des grizzlys peut changer de couleur au cours d'une saison ou de leur vie.

FAITS D'HIVER

- De la fourrure recouvre l'extrémité des grosses pattes de l'ours blanc. Cette fourrure lui tient chaud et ses grosses pattes l'aident à équilibrer son poids sur la neige et la glace.

- Pendant son long sommeil hivernal, le rythme cardiaque de l'ours noir passe de 40 à 50 battements par minute à seulement 8 à 19 battements par minute. L'ours peut ainsi conserver son énergie.

- Contrairement aux autres ours, le grizzly a une grosse bosse sur les épaules. Ses très longues griffes lui permettent de creuser.

La fourrure de l'ours polaire paraît blanche alors qu'en réalité une épaisse couche de poils creux translucides couvre sa peau noire.

Les bébés de l'ours noir naissent pendant l'hiver. Ils restent dans la tanière jusqu'au printemps. Quand les beaux jours reviennent, ils sortent pour aller explorer leur environnement.

Les pattes de l'ours blanc sont munies de gros coussinets noirs rebondis qui lui permettent de mieux adhérer à la glace.

CARIBOUS, CERFS ET ORIGNAUX

Les caribous n'éprouvent aucune difficulté à se déplacer dans la neige avec leurs gros pieds munis de sabots qui leur servent de raquettes. Les caribous de Peary vivent en petites **hardes** dans les îles arctiques du Grand Nord. En hiver, leur pelage devient blanc, ce qui leur permet de se **camoufler** et d'échapper aux **prédateurs** comme les loups. Plus au sud, on retrouve le cerf de la **toundra** tandis que de grandes hardes de caribous forestiers vivent dans la forêt **boréale**.

Contrairement aux caribous, les orignaux sont des animaux solitaires. Ils sont les plus grands représentants de la famille des cervidés. Les orignaux se nourrissent de lichen, d'arbrisseaux et de brindilles, tout comme les autres espèces de cervidés. Quand ils sont à proximité d'un champ cultivé, les cervidés broutent ce qui reste après la moisson.

Pendant l'hiver, de la glace marine relie les îles arctiques. Les caribous de Peary en profitent pour aller chercher leur nourriture sur ces îles.

UN MANTEAU BIEN CHAUD

Les caribous, les orignaux et les cerfs ont deux couches de fourrure qui leur procurent une **isolation** naturelle. Les poils de garde sont des poils creux. Ils forment un pelage épais qui couvre celui du dessous, plus mince. Ces poils protègent les animaux du froid et les gardent au sec.

Un orignal peut peser plus de 450 kg. Même pendant l'hiver, il mange chaque jour de 15 à 20 kg de brindilles.

Pour atteindre leurs territoires d'hiver, certaines hardes de caribous parcourent plus de 900 km vers le sud.

Les cerfs trouvent un abri et leur nourriture dans la forêt. Ils engraissent avant la venue de l'hiver et conservent leur énergie en ralentissant leur rythme cardiaque.

LOUPS ET RENARDS

Les loups sont les plus gros animaux d'une famille qui comprend également les renards et les chiens. La couleur de leur pelage varie : le pelage du loup arctique est blanc alors que celui du loup de l'Est est gris-brun. Ces **carnivores** sont parfois solitaires, mais ils vivent et chassent habituellement en meute, surtout pendant l'hiver. La taille d'une meute peut varier de quelques individus à plus de 20.

Les renards sont des chasseurs rapides qui attaquent des animaux plus petits comme les souris et les lapins. En hiver, leur fourrure devient plus longue et plus épaisse, bien adaptée à la rigueur du climat. Les renards arctiques sont les plus petits de l'espèce. Leurs petites oreilles et leurs pattes couvertes de fourrure conservent leur chaleur. Les renards roux et les renards arctiques se servent de leur queue touffue comme d'une couverture quand ils se roulent en boule pour dormir.

Les loups peuvent passer des jours sans manger, surtout en hiver. Ils sillonnent d'immenses territoires à la recherche de cerfs, de caribous et d'autres proies.

LE LANGAGE DES LOUPS

Les hurlements des loups se répercutent très loin à travers les forêts et les plaines. Souvent, un loup qui commence à hurler sera bientôt accompagné par les autres individus de la meute. Ils peuvent hurler pour célébrer une chasse fructueuse, pour envoyer un message à un membre qui a été séparé du groupe ou pour éloigner une autre meute.

À la fin de l'automne, la fourrure brun grisâtre du renard arctique devient blanche. Grâce à ce pelage blanc épais et chaud, le renard peut se cacher dans la neige.

◀ Les renards ont un odorat et une ouïe incroyablement développés. Même en hiver, ils sont capables de flairer des pistes et de percevoir les mouvements les plus légers. Ils peuvent ainsi débusquer leurs proies sous la neige.

GRANDS FÉLINS

Au Canada, à l'état sauvage, on trouve le couguar, le lynx et le lynx roux. Ces chasseurs silencieux font leur tanière sous les rebords des rochers ou les arbres tombés. Ils chassent toute l'année, peu importe le temps qu'il fait. Le plus grand de ce groupe est le couguar, qui vit dans l'ouest du Canada. Ce chasseur **opportuniste** traque et tue de très gros animaux, comme les orignaux. Pendant l'hiver, les couguars suivent les orignaux et les cerfs quand ceux-ci se déplacent vers des lieux où ils seront à l'abri.

Comme le couguar, le lynx est très bien adapté aux températures froides grâce à son épaisse fourrure et à ses grosses pattes. Il vit dans tout le Canada, mais il privilégie les forêts où il peut chasser le lièvre d'Amérique, sa nourriture hivernale préférée. Le petit cousin du lynx est le lynx roux, qui doit son nom à la couleur de son pelage.

Le couguar a plusieurs noms : on l'appelle aussi lion des montagnes et puma. Ce félin possède de puissantes pattes arrière et peut faire des bonds de 12 mètres de haut.

Le lynx roux n'est pas une fine bouche. Il chasse à peu près tout ce qu'il trouve sur son chemin, notamment les rats musqués et les oiseaux.

LES FÉLINS DANS LE FROID

- Les couguars trouvent leurs proies en suivant les pistes des animaux dans la neige.

- Le pelage d'hiver du lynx roux change de couleur, passant du brun rougeâtre au gris. L'animal peut ainsi passer inaperçu.

- Grâce à ses grosses pattes poilues qui lui servent de raquettes, le lynx peut marcher sur la neige.

Le lynx du Canada cache parfois de la nourriture qu'il revient manger plus tard.

LOUTRES ET MARTRES

Les rivières, les lacs et les forêts du Canada fourmillent de vie tout au long de l'année. Lorsque l'eau gèle, cela ne dérange pas certains animaux **semi-aquatiques** comme les loutres de rivière. Elles font leur nid dans des terriers vides et des trous au bord de l'eau. L'eau glacée ne les arrête pas, car elles sont protégées par deux couches de fourrure. Sous l'épaisse couche de poils de garde, on trouve un pelage dense et imperméable, aux poils imbriqués les uns dans les autres. Pour rester au chaud quand elles sont sur la terre ferme, les loutres nettoient et sèchent leur fourrure avec soin entre deux expéditions de pêche sous-marine.

Comme les loutres, les martres appartiennent à la famille des mustélidés, mais elles préfèrent vivre dans les forêts. Ces animaux **omnivores** sont d'excellents chasseurs. Les martres ont une fourrure plus épaisse en hiver, ce qui les protège quand elles rampent sous la neige en quête d'écureuils et d'autres proies.

FOURRURE D'EXCEPTION

Les loutres de mer n'ont pas une couche de graisse comme les autres mammifères marins. Elles ont plutôt la fourrure la plus épaisse de tous les animaux du monde. Le pelage de la loutre de mer a plus de deux millions de poils par centimètre carré. Au Canada, les loutres vivent dans les eaux peu profondes du littoral de la Colombie-Britannique.

Les loutres nagent aussi pendant l'hiver. Elles trouvent des endroits où respirer entre la glace et l'eau.

En hiver, les martres sortent chercher de la nourriture, mais quand le temps est trop rude, elles trouvent un abri dans des troncs d'arbres creux ou sous des rochers.

Les loutres de rivière aiment glisser sur la neige. Elles ferment leurs oreilles et leurs narines pour empêcher l'eau d'entrer lorsqu'elles plongent.

CASTORS ET RATS MUSQUÉS

Spécialistes du temps froid, les castors et les rats musqués sont des bâtisseurs d'une habileté remarquable. Ces rongeurs sont des animaux semi-aquatiques qui vivent sur l'eau ou à proximité des rivières, des lacs, des étangs et des marécages. Ils n'hibernent pas, mais ils évitent de sortir quand il fait froid. En hiver, la famille du castor reste la plupart du temps dans sa hutte et ne s'aventure dehors que pour aller se nourrir de brindilles et d'autres plantes.

Les rats musqués trouvent parfois refuge dans la hutte d'un castor, mais ils construisent habituellement leur propre logis, plus simple. Ils ressemblent un peu aux castors, mais ils ne sont pas de la même famille. Ils construisent leurs petites huttes dans des marais où il y a une abondance de végétaux à manger. S'ils manquent de matériaux de construction, ils se creusent un terrier sur les rives des marais. Pendant l'hiver, ces créatures aquatiques ne sortent que très rarement de leurs huttes douillettes où ils sont au chaud et à l'abri de leurs prédateurs.

La fourrure du castor est constituée de poils robustes recouvrant une couche épaisse de poils fins et entremêlés. Pour rendre leur pelage plus imperméable, les castors y étalent de l'huile sécrétée par leur corps.

Les rats musqués se nourrissent de plantes qu'ils trouvent au fond de l'eau, où l'obscurité est quasi totale. Ils remontent leur nourriture à la surface pour la manger.

LA CONSTRUCTION D'UNE HUTTE

Avant de bâtir leur hutte, les castors mettent souvent en place un barrage de troncs d'arbres. Ce barrage crée un étang peu profond ou surélève le niveau de l'eau d'un étang existant. Parfois, ils creusent des canaux pour remplir l'étang. Une fois qu'ils sont satisfaits de l'étang, ils construisent un abri confortable à l'aide de branches, de boue et de cailloux. L'entrée de la hutte se trouve sous l'eau. À l'intérieur, on trouve un plancher fait d'herbes et de joncs. Quand il fait très froid, l'entrée de la hutte gèle parfois entièrement, mais les castors ne sont pas pris au dépourvu! En prévision de l'hiver, ils entreposent dans leur hutte des morceaux d'écorce, des brindilles et des tiges.

hutte

surface de l'étang

entrée

barrage

Les rats musqués creusent des trous dans la glace et construisent des huttes miniatures appelées « cloches ». Ils peuvent ainsi se reposer et se nourrir quand ils sont loin de chez eux.

PETITS ANIMAUX À FOURRURE

Une grande variété de petits animaux passe l'hiver dans des logis spécialement aménagés. Les lapins et les spermophiles ont des terriers ou des tanières sous terre. Les écureuils gris, dont le pelage peut être gris, brun ou noir, habitent souvent dans le creux d'un arbre pendant la saison hivernale. Les ratons laveurs et les mouffettes entreposent de la nourriture dans des **caches** et dorment la plupart du temps. Mais ils se réveillent régulièrement pour chercher de la nourriture, donc ils n'hibernent pas.

Dans les villes et les villages, les souris se font souvent un nid au sec et au chaud dans les immeubles et les maisons. Les souris des bois et les campagnols s'abritent dans l'espace **subnival** entre la neige et le sol, là où il fait plus chaud. D'autres animaux, comme le lièvre arctique et le lièvre d'Amérique, sont heureux de rester actifs tout l'hiver.

On ne trouve le lièvre d'Amérique qu'en Amérique du Nord. Ses trois couches de fourrure le protègent du froid. La couche supérieure commence à blanchir à la fin de l'automne.

Les lièvres arctiques vivent en groupes, mais ils ne se blottissent pas les uns contre les autres. Pour rester au chaud, ils ébouriffent leur fourrure blanche. Ils essaient de se confondre avec la neige, se protégeant ainsi des prédateurs comme le renard arctique.

À l'automne, les écureuils cachent de la nourriture afin de pouvoir revenir se régaler pendant la saison froide. Grâce à leur odorat très développé, ils peuvent retrouver la nourriture qu'ils ont enfouie.

▼

Les souris creusent des tunnels sous la neige. Elles en ressortent quand elles ont besoin d'aller s'approvisionner.

▼

LIÈVRE ARCTIQUE ET LIÈVRE D'AMÉRIQUE

LIÈVRE ARCTIQUE	LIÈVRE D'AMÉRIQUE
• De 2,5 à 7 kg	• De 0,9 à 1,8 kg
• Vit dans la toundra au-delà de la limite forestière	• Vit dans la forêt
• Reste généralement blanc toute l'année	• Change de couleur au printemps et à l'automne
• Fourrure blanche à la base	• Fourrure grise à la base
• Oreilles et pattes plus courtes	• Oreilles et pattes plus longues
• Petits pieds et longues griffes	• Pieds larges
• Peut courir jusqu'à 60 km/h	• Peut courir jusqu'à 43 km/h

CÉTACÉS

Les eaux canadiennes accueillent une trentaine de types de cétacés, des mammifères marins qui passent leur vie entière dans l'eau. En hiver, les baleines noires et d'autres baleines nagent vers le sud pour aller se reproduire dans des eaux plus chaudes. Les rorquals à bosse font le trajet depuis l'océan Atlantique Nord autour de Terre-Neuve jusqu'à la mer des Caraïbes. Les vacances dans les Antilles n'intéressent pas le narval, le béluga et la baleine boréale. Ces cétacés ont une épaisse couche de graisse et sont dépourvus de nageoire **dorsale**, ce qui leur permet de se déplacer facilement sous la glace où ils se nourrissent de poissons et de **crustacés** comme le krill. Également appelé «licorne de mer», le narval est célèbre pour sa longue incisive. La plupart des narvals du monde vivent dans la région de la baiede Baffin. Les bélugas et les baleines boréales évoluent dans l'océan Arctique et la baie d'Hudson.

En hiver, les narvals plongent jusqu'à 1 500 m de profondeur pour pêcher le flétan. Ils peuvent rester sous l'eau pendant 25 minutes.

Les baleines boréales ont la plus épaisse couche de **petit lard** de tous les cétacés. Cette couche de graisse peut atteindre 48 cm d'épaisseur.

Les bélugas ont la particularité d'émettre des sons rappelant des cliquetis et des sifflements. Ils peuvent ainsi communiquer avec leurs semblables et trouver à manger.

INFOS SUR LES BALEINES ARCTIQUES

- Les baleines boréales ont une tête grosse et puissante pour une raison : elles s'en servent pour briser de la glace pouvant atteindre 20 cm d'épaisseur.

- La défense du narval est en réalité une dent. Elle peut contenir jusqu'à 10 millions de terminaisons nerveuses et elle aide le narval à trouver sa nourriture.

- Le béluga a la particularité de pouvoir bouger sa tête de gauche à droite et de haut en bas.

PHOQUES, OTARIES ET MORSES

Les phoques et les morses sont des pinnipèdes. Cela signifie qu'ils ont des nageoires à l'avant et à l'arrière du corps. Les lions de mer ont des nageoires arrière qui leur permettent de se déplacer hors de l'eau. Les phoques sont très bien adaptés à l'eau froide. La plupart ont des nageoires couvertes de fourrure et une épaisse couche de petit lard sous leur pelage. Les phoques annelés et les phoques barbus suivent la glace au gré des saisons et peuvent ainsi donner naissance à leurs petits sur la **banquise**. Le morse de l'Atlantique est le seul de son espèce à vivre au Canada. On le reconnaît facilement à ses longues défenses blanches et à son gros corps ridé qui a une couche épaisse de petit lard pour l'isoler du froid. Les phoques et les morses vivent souvent en groupes. Ces colonies, nommées **échoueries**, peuvent compter des centaines, voire des milliers d'individus. La plus importante colonie de morses au Canada vit dans le bassin de Foxe, au nord de la baie d'Hudson, et compte environ 5 000 individus.

Les bébés phoques du Groenland nés à la fin de l'hiver ont une fourrure d'un blanc jaunâtre leur permettant de se camoufler et d'échapper aux prédateurs.

Les otaries de Steller vivent en groupes au bord de l'océan Pacifique Nord. On appelle ces groupes des « colonies » ou des « roqueries ».

Les phoques annelés sont les seuls phoques capables de creuser des trous de respiration dans la glace. Ils se servent des griffes de leurs nageoires pectorales pour gratter à travers 2 m de glace. ▶

Les morses utilisent leurs défenses pour creuser des trous de respiration dans la glace et hisser leur gros corps hors de l'eau. ▲

PHOQUE OU OTARIE?

L'otarie a des oreilles visibles, contrairement aux phoques qui ont une ouverture de chaque côté de la tête en guise d'oreilles. Les deux espèces d'otaries canadiennes, l'otarie à fourrure du Nord et l'otarie de Steller, vivent dans l'océan Pacifique. L'otarie à fourrure a un épais manteau noir alors qu'une couche de petit lard protège l'otarie de Steller du froid. Cinq espèces de phoques vivent au Canada : le phoque annelé, le phoque barbu, le phoque du Groenland, le phoque gris et le phoque à capuchon.

INSECTES ET ARAIGNÉES

De nombreux insectes et araignées hibernent pendant la saison froide, soit tels quels, soit à l'état de **larves** ou de **pupes**. Dans le cas des insectes, cette phase s'appelle la **diapause**. Ils trouvent des troncs d'arbres creux, des fissures entre les rochers et d'autres espaces où ils sont à l'abri des prédateurs et des vents froids.

Dans une ruche, les abeilles restent actives tout l'hiver et se nourrissent de leur miel. Les ouvrières créent de la chaleur en faisant vibrer leurs ailes. De plus, elles se regroupent et se blottissent ensemble autour de la reine. Certains insectes ont un autre truc pour survivre au froid : ils gèlent. Dans cet état, la chenille *Gynaephora groenlandica* survit à des températures aussi glaciales que – 57 °C. Le scarabée d'Alaska *Upis ceramboides* utilise une autre technique de gel grâce à laquelle il peut supporter – 73 °C.

Les coccinelles se rassemblent dans des lieux abrités pour leur période d'hibernation. Elles survivent pendant leur sommeil grâce à la graisse emmagasinée dans leur corps.

Pendant l'hiver, une coque appelée oothèque protège les œufs de la mante religieuse. Les œufs éclosent au printemps et les larves deviennent adultes à la fin de l'été.

Les papillons monarques se rassemblent après leur longue **migration** vers le Mexique.

VOYAGEURS AU LONG COURS

Chaque automne, des millions de monarques parcourent de 2 000 à 5 000 km pour atteindre leurs territoires d'hiver. Ces papillons mettent environ deux mois pour voler jusqu'aux forêts de sapins du centre du Mexique. À l'approche du printemps, les femelles retournent vers le nord et déposent leurs œufs sur des asclépiades.

En hiver, la chenille *Gynaephora groenlandica* ne bouge pas. Elle reste sur son rocher et jeûne. Elle produit une sorte de sucre qui empêche son corps de geler. Comme elle se nourrit très peu pendant l'été, elle met plusieurs années avant de se transformer en papillon.

ARAIGNÉES-LOUPS

Les araignées-loups hibernent généralement sous un rocher ou dans des feuilles mortes. Ce type d'araignée ne tisse pas de toile. De nombreuses araignées tisseuses de toile pondent leurs œufs et meurent avant l'arrivée du froid.

REPTILES ET AMPHIBIENS

Les reptiles et les amphibiens sont incapables de produire leur propre chaleur corporelle. Ils dépendent des températures extérieures pour rester au chaud. À la venue de l'hiver, certains serpents se rassemblent dans un **hibernaculum**, un abri d'hiver où ils resteront jusqu'au printemps. Certains crapauds creusent un trou de plus de 50 cm dans la terre afin d'avoir un endroit chaud dans lequel **hiberner**. Les grenouilles aquatiques hibernent, elles aussi : elles trouvent un abri au fond des ruisseaux et des petits étangs. Sous l'eau, les grenouilles peuvent absorber par leur peau l'oxygène qui se trouve dans l'eau.

Au Canada, on retrouve huit types de tortues d'eau douce. Pendant l'été, elles vivent dans et hors de l'eau, mais l'hiver, elles se réfugient sous l'eau et tombent en léthargie. Elles évitent de geler en s'enfouissant dans le sable ou dans la boue de ruisseaux, d'étangs ou de lacs et en laissant leur **métabolisme** ralentir. Les tortues de mer canadiennes préfèrent nager jusqu'aux mers tropicales.

Les tortues serpentines vivent dans les régions méridionales du Canada, mais elles disparaissent sous l'eau avant la venue de la neige.

En hiver, un endroit appelé Narcisse Snake Dens, au Manitoba, accueille plusieurs milliers de couleuvres rayées à flanc rouge.

La grenouille des bois cherche un abri sous les feuilles et laisse son corps geler. Au printemps, son cœur recommence à battre et elle s'éloigne en bondissant.

ANTIGEL ANIMAL

En hiver, la glace représente le principal problème pour les animaux comme les insectes et les grenouilles. Comme une grande partie de leur corps est constituée d'eau, la glace peut leur être fatale. Pour survivre, certains animaux produisent leur propre antigel. Quelques grenouilles, comme la grenouille des bois et la rainette versicolore, produisent une grande quantité de glucose, ou sucre, qui remplit et protège leurs cellules. Leur corps peut ainsi geler en hiver et dégeler au printemps.

PARTIR OU RESTER

Aux premiers signes de l'hiver, la plupart des oiseaux s'envolent vers le sud. Les bernaches du Canada, les bécasseaux et les pluviers siffleurs parcourent de très longues distances. Ils se préparent en mangeant beaucoup et emmagasinent ainsi de l'énergie en prévision de leur voyage. D'autres oiseaux, comme le geai bleu, cherchent un endroit un peu plus chaud, mais pas trop loin.

Le pic, le sizerin flammé, le cardinal rouge et la mésange à tête noire font partie des oiseaux qui restent au pays. En gonflant leur plumage, ils emprisonnent un plus grand volume d'air et accroissent leur couche isolante. Parfois aussi, ils se blottissent les uns contre les autres. Le pic continue de chercher de la nourriture pendant toute la saison froide. Le sizerin trouve parfois un abri en creusant un tunnel sous la neige. Les mésanges mangent le plus possible pendant la journée et nichent dans des trous d'arbres ou sur des branches de conifères. Pour conserver leur énergie, les oiseaux abaissent leur température corporelle jusqu'à un état d'**hypothermie**.

Les mésanges font des caches de nourriture. Elles y entreposent des graines et des insectes qu'elles consommeront plus tard. À l'automne, la partie de leur cerveau consacrée à la mémoire spatiale s'agrandit afin qu'elles retrouvent la nourriture qu'elles ont cachée.

Les bernaches migrent en groupes. Elles forment un V en vol. Cette formation leur permet de conserver leur énergie et de parcourir jusqu'à 1 000 km par jour.

Les sizerins flammés stockent des graines dans leur gorge. Ils consomment chaque jour à peu près la moitié de leur poids en nourriture.

Les sternes arctiques ont des ailes étroites et très longues, idéales pour leur migration record.

LE VOL LE PLUS LONG

La sterne arctique est l'animal qui accomplit la plus longue migration. En été, elle se reproduit dans le nord du Canada, puis elle vole jusqu'à l'océan Antarctique où elle passera l'hiver. Suivant un itinéraire en zigzag, elle fait un aller-retour d'environ 71 000 km. Au cours de sa vie, cette voyageuse au long cours parcourt 2,4 millions de kilomètres. C'est comme si elle avait fait trois fois le trajet aller-retour jusqu'à la Lune.

OISEAUX DE L'HIVER

Certains oiseaux canadiens sont des spécialistes de l'hiver. Le froid et la neige ne dérangent pas le lagopède, le harfang des neiges et d'autres oiseaux arctiques. On retrouve trois types de lagopèdes dans le nord du Canada et dans les régions montagneuses : le lagopède alpin, le lagopède des saules et le lagopède à queue blanche. En hiver, ils s'adaptent et mangent ce qu'ils trouvent, par exemple des graines ou des aiguilles de conifères. Le harfang des neiges et le bruant des neiges aiment la neige. Ils passent l'été dans le Haut-Arctique, mais l'hiver, ils retournent dans le sud quand la neige revient dans certaines parties du Canada. La mouette blanche, une espèce en danger du Haut-Arctique, passe l'hiver sur la glace des banquises. Le macareux moine se rend dans les eaux de l'Atlantique Nord où il passe l'automne et l'hiver seul. Son plumage et son bec colorés deviennent ternes et grisâtres en hiver.

Le macareux moine vit au large des côtes de Terre-Neuve et de la Nouvelle-Écosse. Il consacre beaucoup de temps à nager et à plonger pour pêcher dans les eaux froides de l'Atlantique Nord.

Les lagopèdes ont des pattes emplumées, ce qui leur permet de marcher plus facilement sur la neige. Les lagopèdes alpins grattent la neige pour atteindre les plantes qui y sont enfouies.

La femelle ne devient jamais complètement blanche et on voit davantage de taches brunes et noires sur son plumage.

LE HARFANG DES NEIGES

- Contrairement à la plupart des hiboux, le harfang des neiges chasse de jour comme de nuit.

- Le lemming est le mets préféré du harfang des neiges. Il peut en manger jusqu'à cinq par jour.

- Le harfang est le plus gros hibou d'Amérique du Nord. Il pèse environ 1,8 kg.

GLOSSAIRE

À sang froid : Se dit d'un animal incapable de contrôler sa température corporelle. Les reptiles et les amphibiens sont des animaux à sang froid.

Banquise : Grosse masse de glace marine flottante.

Boréal : Se dit d'un climat ou d'une région du nord où la végétation est principalement constituée de conifères, comme les pins et les sapins.

Cache : Réserve de nourriture cachée.

Camoufler : Cacher ou déguiser quelque chose pour le rendre difficile à voir.

Carnivore : Animal qui mange de la viande.

Crustacé : Créature marine munie de pattes et d'une coquille, comme le homard ou le crabe.

Diapause : Période pendant laquelle le développement cesse en raison de conditions difficiles.

Dorsal : Relatif au dos d'un animal.

Échouerie : Groupe de pinnipèdes, comme des phoques et des morses.

Harde : Troupeau d'animaux sauvages, en général de la famille des ruminants.

Hibernaculum : Quartiers d'hiver d'un animal.

Hiberner : Sombrer dans un long et profond sommeil pendant lequel le rythme cardiaque ralentit et la température corporelle baisse.

Hypothermie : État qui survient lorsque la température d'un corps baisse au-dessous de son niveau normal.

Isolation : Couche d'un matériel qui empêche la chaleur de s'échapper.

Larve : Forme précoce d'un insecte, sous forme d'un ver.

Métabolisme : Ensemble des transformations chimiques et biologiques qui s'accomplissent dans l'organisme, par exemple la transformation de la nourriture en énergie.

Migration : Déplacement d'un endroit à un autre pour vivre, se reproduire ou se nourrir.

Omnivore : Animal qui mange de la viande et des végétaux.

Opportuniste : Comportement relatif à l'alimentation qui consiste à manger tout ce qui est disponible.

Petit lard : Épaisse couche de graisse entre la peau et le muscle chez les animaux marins comme les phoques, les baleines et les otaries.

Prédateur : Animal qui tue et mange d'autres animaux.

Pupe : Étape de la vie de certains insectes pendant laquelle ils changent de forme.

Semi-aquatique : Qui vit en partie sur terre et en partie dans l'eau.

Subnival : Espace sous la neige, au-dessus du sol.

Torpeur : Sommeil de courte durée provoqué par le froid et le manque de nourriture.

Toundra : Région arctique sans arbres dont la couche du sous-sol est gelée en permanence.

Translucide : Qui laisse passer la lumière.